Mon Incroyable Série Comportementale Pour Les Tout-Petits

J'ai Un Grand Travail.
Je Suis Un GRAND FRÈRE !

Un Livre D'Affirmations Positives
Sur L'Arrivée D'Un Petit Frère ou
D'Une Petite Sœur (2 à 4 Ans)

Par Suzanne T. Christian

TWORAVENS
BOOKS

Two Little Ravens
CHILDREN'S NON-FICTION BOOKS

Édition Broché : 9781968080150
Édition Reliée : 9781968080167
Édition Numérique : 9781968080174

Publié aux États-Unis par Two Ravens Books LLC,
254 Chapman Rd, Ste 209, Newark DE 19702

« Élargir l'esprit, libérer l'imagination, un titre à la fois. »
www.tworavensbooks.com

Bienvenue dans
« J'ai Un Grand Travail. Je Suis Un Grand Frère ! »

Ce livre plein de tendresse accompagne les tout-petits dans la belle aventure d'accueillir un nouveau bébé à la maison. À travers de petites phrases simples et des situations du quotidien, les enfants découvrent la fierté, l'empathie et la coopération.

Les illustrations pleines de couleurs vives montrent des moments de tous les jours et rendent chaque lecture amusante et rassurante. En relisant ces messages positifs, ton enfant apprendra à prendre soin du bébé avec douceur, patience et confiance.

Préparez-vous pour un voyage plein de rires, de câlins et de découvertes, pendant que votre petit devient le meilleur grand frère possible !

Suzanne T. Christian

Je suis un grand frère, et j'ai un travail très spécial !

J'adore faire des grimaces rigolotes
pour que le Bébé _____ sourie.

Mes mains toutes douces protègent le Bébé _____.
Je suis un grand frère !

Quand Maman est occupée, je peux montrer mon jouet préféré au Bébé _____.

Parfois, je me sens un peu triste quand Maman fait un câlin au Bébé _____, mais je sais qu'elle m'aime très fort aussi !

Même quand Maman porte le Bébé _____, dans ses bras, elle continue de m'aimer.

Je peux aider à changer les couches en passant les lingettes. Quel grand travail !

Je peux montrer au Bébé _____
comment taper dans ses mains.
C'est un jeu très rigolo !

CLAP
CLAP

Les petites mains du Bébé _____ attrapent mon doigt, et ça me fait sourire.

Quand le Bébé _____
pleure, je peux lui
apporter son doudou
préféré pour le calmer.
Je suis un grand frère !

Mes câlins tout doux réchauffent le Bébé _____ et lui montrent que je l'aime. Je suis un grand frère !

Je parle tout doucement quand le Bébé _____ dort.

J'aime beaucoup lire des histoires au Bébé _____. Parfois, les mots sont rigolos !

J'ai un grand travail! Je peux aider à apporter le biberon du Bébé _____.
Je suis un grand frère !

C'est super drôle de jouer à coucou
avec le Bébé _____
et de le faire rire.

Je peux apprendre au Bébé _____ à faire rouler la balle.

roule, roule, roule, roule !

Si le Bébé _____ fait beaucoup de bruit,
je reste calme et tranquille.

C'est normal si le Bébé _____ pleure souvent.
C'est comme ça que les bébés parlent !

Je peux aider le Bébé _____ à apprendre de nouveaux mots : « Maman », « Papa » et « Frère »

Maman

Papa

Frère

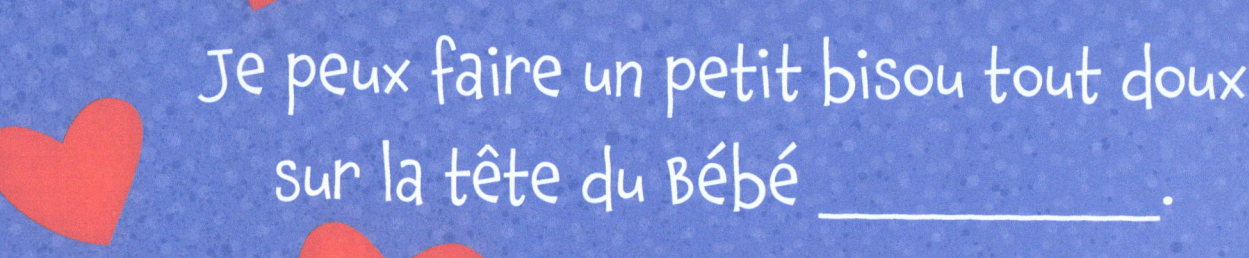

Je peux faire un petit bisou tout doux sur la tête du Bébé _____.

Quand le Bébé _____ sourit,
je me sens très heureux !

J'ai Un Grand Travail.

Je Suis Un

GRAND

FRÈRE !

Fin !

Mon Incroyable Série Comportementale Pour
Les Tout-Petits

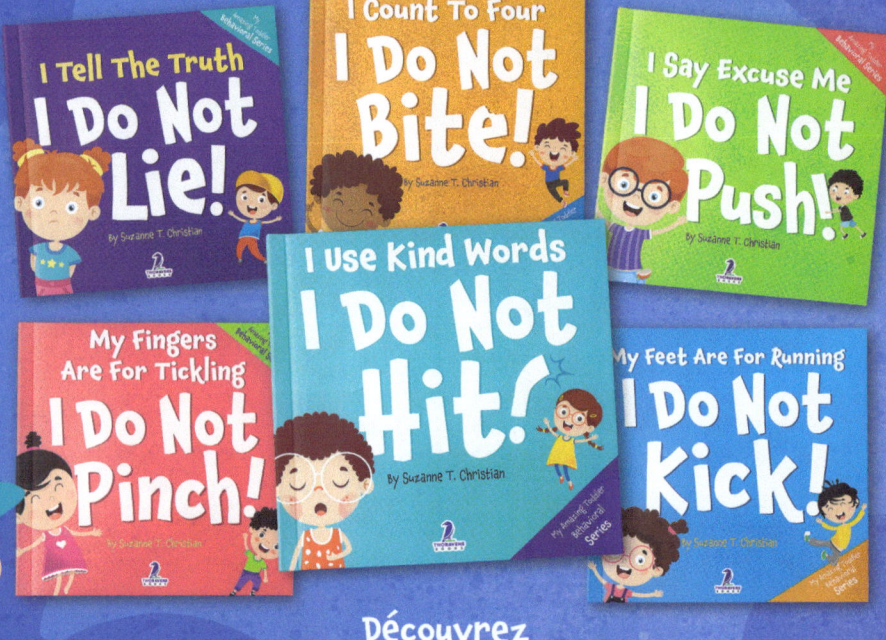

Découvrez
la série adorée de Suzanne T. Christian
« Mon Incroyable Série Comportementale Pour
Les Tout-Petits »
Les jeunes lecteurs vont l'adorer !

Two Little Ravens
CHILDREN'S NON-FICTION BOOKS

Cher petit lecteur merveilleux,

Merci d'avoir exploré **« J'ai Un Grand Travail. Je Suis Un Grand Frère ! »** avec moi. Si ce livre t'a touché ou a apporté de la joie à un petit lecteur, n'hésite pas à laisser un petit mot ou un avis. Tes paroles m'inspirent pour mes futurs livres et aident d'autres familles à découvrir la magie de ces pages.

Si tu as des idées pour rendre ce livre encore plus spécial, écris-moi à **suzanne.christian@tworavensbooks.com.** Ton avis compte beaucoup pour moi !

Avec toute ma gratitude,